Las Lecturas ELI son una completa gama de publicaciones para lectores de todas las edades, que van desde apasionantes historias actuales a los emocionantes clásicos de siempre. Están divididas en tres colecciones: Lecturas ELI Infantiles y Juveniles, Lecturas ELI Adolescentes y Lecturas ELI Jóvenes y Adultos. Además de contar con un extraordinario esmero editorial, son un sencillo instrumento didáctico cuyo uso se entiende de forma inmediata. Sus llamativas y artísticas ilustraciones atraerán la atención de los lectores y les acompañarán mientras disfrutan leyendo.

D1446347

MIGUEL DE CERVANTES

RINCONETE Y CORTADILLO

Reducción lingüística, actividades y reportajes
de Raquel García Prieto

Ilustraciones de
Margherita Micheli

Lecturas **ELI** Adolescentes

Rinconete y Cortadillo
Miguel de Cervantes
Reducción lingüística, actividades y reportajes de Raquel García Prieto
Control lingüístico y editorial de Carlos Gumpert
Ilustraciones de Margherita Micheli

ELI Readers
Ideación de la colección y coordinación editorial
Paola Accattoli, Grazia Ancillani, Daniele Garbuglia (Director de arte)

Proyecto gráfico
Sergio Elisei

Compaginación
Diletta Brutti

Director de producción
Francesco Capitano

Créditos fotográficos
Shutterstock

© 2013 ELI s.r.l.
P.O. Box 6
62019 Recanati MC
Italia

T +39 071750701
F +39 071977851

info@elionline.com
www.elionline.com

Font utilizado 13/18 puntos Monotipo Dante

Impreso en Italia por Tecnostampa Recanati – ERT 113.01
ISBN 978-88-536-1583-1

Primera edición Febrero 2013

www.elireaders.com

Índice

Estos iconos señalan las partes de la historia que han sido grabadas.

empezar ▶ parar ■

PERSONAJES PRINCIPALES

RINCONETE

ARRIERO

CHIQUIZNAQUE

CORTADILLO

MANIFERRO

PIPOTA

6

JULIANA

ESCALANTA

MONIPODIO

GANANCIOSA

ESTUDIANTE

REPOLIDO

GANCHUELO

Comprensión

1 **¿Quién es quién? Observa a los personajes de las páginas 6 y 7. Luego mira las ilustraciones de las páginas 25 y 45 y escribe sus nombres.**

Es un chico de 15 años. Es pelirrojo. Lleva una camisa blanca y unos pantalones marrones. Solo tiene un zapato.

Rinconete

1 Este joven es alto, tiene el pelo negro y no lleva barba ni bigote. Lleva un traje negro, de la cabeza a los pies. Los zapatos también son negros. Tiene un pañuelo blanco en la mano.

Estudiante

2 Tiene 14 años. Está delgado y tiene el pelo corto y moreno. Lleva una gorra verde, una camisa marrón y unas alpargatas viejas.

Ganchuelo

3 Es una mujer joven, con el pelo largo y rubio. Lleva un vestido naranja y una flor en el pelo.

Ganaciosa

4 Este hombre, tiene el pelo negro y lleva barba y bigote. Lleva sombrero y una capa larga.

Monipodio

5 Es una señora anciana, con el pelo blanco. Su vestido es ancho y negro.

Pipota

DELE - Expresión escrita

2 **Mírate al espejo y... ¡descríbete en este momento!**

Un niño y pelo rubio.

Vocabulario

3 **Lee estos adjetivos. Busca sus contrarios en la sopa de letras.**

bueno ....._malo_.....

1 frío ....calur....
2 estrecho ....ancho....
3 pequeño ....grande....
4 limpio ....sucio....
5 largo ....corto....
6 contento ....enojado....
7 joven ....viejo....

O	G	A	M	A	L	O	C
C	A	L	U	R	O	S	O
S	R	E	U	I	B	A	R
U	A	N	C	H	O	R	T
C	N	T	V	I	E	J	O
I	D	V	F	Ñ	L	O	T
O	E	N	O	J	A	D	O

Comprensión auditiva

▶ 2 **4** **Escucha el primer capítulo y di si estas frases son verdaderas (V) o falsas (F).**

	V	F
1 Los nombres de los chicos son Pedro y Diego.	☐	☒
2 Rinconete y Cortadillo llegan juntos a la venta desde Salamanca.	☐	☐
3 Los muchachos están muy limpios y bien vestidos.	☐	☐
4 Diego Cortado juega muy bien a las cartas y sabe hacer trampas.	☐	☐
5 El padre de Rincón es sastre.	☐	☐
6 Los muchachos deciden viajar juntos.	☐	☐

Capítulo 1

Dos muchachos

▶ 2 En la venta* del Molinillo, que está en los campos de Alcudia, entre Castilla y Andalucía, se conocen por casualidad dos muchachos en un caluroso día de verano. Tienen, más o menos, catorce y quince años. Los dos están muy espabilados*, pero sus ropas están rotas y descosidas: no tienen capa, sus calzones* son de tela y sus medias son la carne de sus piernas. Al menos tienen zapatos, aunque los de uno son viejas alpargatas y los del otro están casi sin suelas, así que los arrastra más que pisarlos. El más joven lleva una montera* verde de cazador y a su espalda una bolsa de viaje amarillenta realizada con una vieja camisa. El mayor lleva un sombrero aplastado de ala ancha y va ligero y sin alforjas*: solo se ve un gran bulto de trapos rotos y sucios en el pecho, que son los restos del cuello de su antigua camisa. Dentro del bulto lleva una baraja de naipes muy gastados por el uso, ovalados en vez de rectangulares.

venta lugar donde se hospeda a los viajeros
espabilados listos, inteligentes
calzones: pantalones antiguos, que no

cubren toda la pierna
montera gorro de cazador
alforjas bolsas para transportar cosas

10

Tienen los dos muchachos la piel quemada por el sol, las manos sucias, las uñas largas y negras. El más joven lleva en el cinturón un buen cuchillo de carnicero de mango amarillo; el otro, una espadita corta.

Después de comer, los dos salen a sestear* debajo del portal. Sentados uno frente a otro, hablan un rato:

—¿De dónde eres? —pregunta el mayor al más joven—. ¿Adónde te diriges?

—No sé de dónde vengo ni adónde voy, caballero —responde el más joven, desconfiado.

—Pues por tu aspecto no pareces venir del cielo, y además este lugar no es adecuado para vivir en él.

—Tienes razón, —responde el pequeño—; pero te digo la verdad: no tengo casa porque mi padre no me quiere y mi madrastra me maltrata porque soy su hijastro. El camino que recorro es el de la aventura, y solo busco ayuda para vivir mejor.

—Y ¿sabes algún oficio? —pregunta el grande.

sestear dormir la siesta

—Corro como una liebre, salto como un gamo y sé usar muy bien las tijeras —contesta el pequeño.

—Vaya, parecen cosas muy útiles —dice el mayor con ironía —; ¿para ganarte la vida recortas flores de papel en las procesiones de Semana Santa?

—No corto papel —replica el menor—, mi padre es sastre y por eso domino muy bien el oficio. Sé cortar perfectamente medias calzas* con el pie completo. Solo mi mala suerte no me permite examinarme para maestro.

—No te preocupes, eres joven y la suerte mejora con el tiempo. Además, me parece que eres un muchacho despierto. Seguro que tienes más habilidades secretas que no quieres revelar— responde el mayor.

—Sí tengo —dice el menor—, pero como muy bien dices tú, no para hablar de ellas en público.

—Pues nadie sabe mantener secretos mejor que yo —asegura el otro—, y para demostrarlo, yo te voy a contar mi vida: ¡me fío de ti y creo que vamos

calzas prenda que cubre las piernas

12

a ser buenos amigos! Me llamo Pedro Rincón y soy de Fuenfrida. Mi padre es una persona muy importante: es un ministro de la Santa Cruzada, también llamado buldero*. Viajar con él es perfecto para aprender muy bien el oficio, así que ahora sé todos los secretos de la profesión.

Pero... como me gusta mucho el dinero, un buen día me escapo a Madrid con la recaudación. En un abrir y cerrar de ojos me gasto en diversiones todo el contenido del saco. Pronto me arrestan, pero por poco tiempo: tras unos latigazos y una condena de cuatro años de destierro de la Corte*, aquí estoy. No tengo caballo ni dinero pero sí estas cartas con las que me gano la vida por los mesones, gracias al juego. Están muy gastadas, pero funcionan de maravilla: yo también soy maestro en mi oficio, como tú, y gracias a él no me voy a morir de hambre.

En ese momento, Rincón hace una propuesta: jugar los dos juntos. La idea es atraer la atención de uno de los arrieros* que allí están para engañarlo

buldero persona que vendía bulas (privilegios de la iglesia)
Corte ciudad de Madrid

arrieros personas que viajan con animales de carga (vacas, mulas...)

13

y sacarle dinero. El más joven está de acuerdo, pero primero él también le relata su vida:

—Mi pueblo está entre Salamanca y Medina del Campo. Mi padre es sastre y gracias a él sé muy bien el oficio de cortar telas: tanto que ahora también soy experto en cortar bolsos y sacar lo que hay en ellos. Cansado del pueblo y de mi madrastra decido irme a Toledo, y gracias a mi habilidad en los cuatro meses de permanencia allí nunca me cogen. Hace ocho días que, por culpa de un espía, un Corregidor me busca para contratarme; pero yo soy demasiado humilde para servir a personas tan importantes, por eso decido escapar... y aquí estoy.

—De acuerdo, —dice Rincón—, pero ¿por qué no dejamos de fingir y confesamos que no tenemos ni para zapatos?

—Tienes razón. Yo me llamo Diego Cortado, y para sellar nuestra amistad vamos a darnos un abrazo.

Después de abrazarse, los muchachos se sientan a jugar a las cartas y enseguida un arriero se une

a ellos en el juego. En menos de media hora le ganan doce reales* y veintidós maravedíes*. Él se enfada mucho y quiere quitarles el dinero por la fuerza. Los muchachos son jóvenes, pero saben defenderse muy bien con sus armas: luchan con gran valentía, hasta obligar a los compañeros del arriero a defenderlo.

En ese momento aparece un grupo de viajeros a caballo. Ven la pelea y deciden invitar a los muchachos a ir a Sevilla con ellos. Rincón y Cortado aceptan encantados y se ponen en camino. El arriero se queda enojado y sin dinero. ⬛

---

reales monedas antiguas de plata
maravedíes monedas antiguas (1 real=34 maravedíes)

Comprensión lectora

1 Une cada pregunta con su respuesta adecuada.

1 [c] ¿Cómo se llama el muchacho más joven?

2 ☐ ¿Por qué son ovalados los naipes de Pedro Rincón?

3 ☐ ¿Por qué condenan a Rincón?

4 ☐ ¿Cuál es la profesión del padre de Cortado?

5 ☐ ¿Qué hacen los muchachos para dar prueba de su amistad?

6 ☐ Los chicos luchan con un hombre. ¿Quién sale vencedor?

a Porque están muy usados.

b Sastre.

c Diego Cortado.

d Los dos chicos.

e Por robar el dinero de las bulas.

f Se abrazan.

2 ¿Pedro Rincón, Diego Cortado o los dos? Coloca el nombre de cada personaje.

Es pobre y tiene las manos sucias.
Rincón y Cortado............

1 La esposa de su padre lo maltrata.

....

2 Dice que corre y salta con mucha habilidad.

....

3 Es un muchacho seguro de sí mismo, confía sus secretos sin problemas. ....

4 No tiene casa, es un viajero.

....

5 Se gana la vida con las cartas.

....

Vocabulario

3 **Resuelve los anagramas y completa las frases.**

La bolsa de viaje de Cortado está hecha con una vieja (AMSCIA) _camisa._

1 Como su padre es sastre, Cortado sabe usar muy bien las (RIJATES) ....

2 El padre de Rincón, en cambio, es (DOBERLU) ....

3 Los chicos no quieren jugar al sol, así que se ponen a la (MOBASR). ....

4 En los tiempos de Rincón y Cortado, existen unas monedas que se llaman (ESERAL) ....

5 Los muchachos se van de la venta con unos viajeros que van a (LLACAOB) ....

DELE - Expresión oral

4 **Prepara una presentación personal de tres minutos, en la que hablas de los temas que ves en este esquema.**

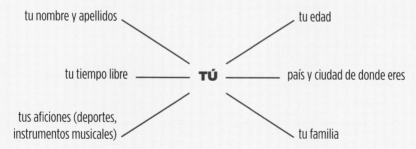

tu nombre y apellidos

tu edad

tu tiempo libre — **TÚ** — país y ciudad de donde eres

tus aficiones (deportes, instrumentos musicales)

tu familia

Actividad de prelectura

5 **Busca cuatro ciudades que aparecen en el texto que acabas de leer y con las letras que sobran sabrás lo que Cortado consigue robar en el próximo capítulo.**

MONSEVILLAEDATOLEDOSDESALAMANCAORFUENFRIDAOYPLMADRIDATA

Capítulo 2

Un trabajo tranquilo

▶ 3 Rincón y Cortado llegan a Sevilla y se despiden de sus compañeros de viaje. La ciudad les parece admirable por su grandeza, por la suntuosidad de su iglesia principal y por el bullicio que hay siempre en su río: en él hay una gran muchedumbre en movimiento porque es el momento de carga de la flota. Además, las seis galeras* que ven les hacen temblar porque piensan en un futuro como prisioneros para siempre si cometen delitos.

Ven que hay una gran cantidad de muchachos de la esportilla* y preguntan a uno de ellos, un chico asturiano:

—¿Qué oficio es este? ¿Trabajas mucho? ¿Cuánto ganas?

—Es un trabajo tranquilo —contesta el asturianillo—, no se paga alcabala*, se gana suficiente dinero para comer y beber bien. Vives libre y sin amos*.

galeras barcos que servía de cárcel para los presos
muchachos de la esportilla chicos que trabajan transportando cosas en cestas (espuertas)

alcabala impuesto
amos dueños, jefes

A los muchachos les gusta mucho el trabajo porque es perfecto para encubrir su verdadero oficio y para entrar en las casas con facilidad.

Así, siguen los consejos de su nuevo amigo y compran los instrumentos necesarios para transportar los diferentes productos: un saco para el pan y tres espuertas para carne, pescado y fruta. También se informan sobre los lugares donde se trabaja: por la mañana en la Carnicería y la plaza de San Salvador, los días de pescado en la Pescadería, por las tardes en el río y los jueves, en la Feria.

Aprenden bien la lección y se presentan al día siguiente en la plaza de San Salvador. Allí todos los mozos del oficio les preguntan con curiosidad de dónde vienen y quiénes son. Mientras conversan con ellos, llegan un estudiante y un soldado. Al ver que hay dos muchachos con las cestas nuevas, los llaman. El soldado dice a Rincón:

—Tienes suerte de empezar conmigo: tengo dinero y estoy enamorado. Quiero preparar un banquete para las amigas de mi señora.

—Para vuestra* merced, estoy listo para cargar con toda la plaza si es su deseo: tengo fuerzas de sobra. Y si necesita ayuda para preparar el banquete, con mucho gusto.

El soldado, muy contento de la respuesta de Rincón, le da tres monedas por su servicio y le envía a hacer los recados.

Cuando Rincón regresa, enseña a Cortado sus tres monedas; Cortado mete la mano en la camisa, saca una bolsita llena de monedas. Entrega la bolsita a Rincón y le dice al oído:

—Con esta bolsita y con dos cuartos me acaba de pagar el estudiante. ¡Shh, es un secreto!

En ese momento aparece el estudiante sudando y blanco como un cadáver. Le pregunta a Cortado si sabe dónde está su bolsita, que tiene varias monedas de oro y plata; Cortado, con disimulada sorpresa, le dice que no lo sabe: seguro que está en manos de un ladrón.

—¡Pobre de mí! —responde el estudiante—: es verdad, y el ladrón es un sacrílego*, porque

vuestra merced (forma antigua de respeto) usted
sacrílego persona que comete pecado

yo soy el sacristán de unas monjas, y el dinero es la ganancia de un sacerdote amigo mío. ¡Dinero sagrado!

—Peor para el ladrón —dice Rincón—, va a tener antes o después su justo castigo. ¿Y cuánto gana la capellanía* al año?

—¡Mil maldiciones! —grita enfadado el sacristán—, ¡basta con las preguntas! Voy a denunciar el robo.

El sacristán saca un pañuelo bordado del bolsillo para secarse el abundante sudor de la frente.

Cortado lo ve y decide robárselo. Lo sigue y le habla; le dice mil disparates y le mira fijamente a la cara, hasta que consigue distraerlo y quitarle el pañuelo. Al despedirse, le promete encontrar al ladrón de la bolsa y así el sacristán se va más tranquilo, pero engañado.

Uno de los muchachos que ve la escena se acerca y les dice:

—Sois ladrones, ¿verdad? Pues si queréis tener ese oficio en Sevilla es obligatorio pasar a informar

capellanía dinero que recibe el sacerdote por las misas

al señor Monipodio, que es el protector de todos los ladrones. Este es mi consejo: vamos a hablar con él, porque si hurtáis* sin su permiso vais a tener graves problemas.

—Pero, ¿no es gratis ser ladrón? Bueno, si en esta ciudad tan importante las cosas funcionan así, nosotros no podemos ser diferentes —dice Cortado, que es muy prudente—. ¿Nos llevas a conocer a ese caballero? Dicen que es muy inteligente, generoso y hábil en el oficio.

—¡Claro que sí! —responde el mozo—. Vamos, que os explico por el camino más cosas para sobrevivir en esta ciudad.

De camino hacia la morada de Monipodio el muchacho les habla de los usos y costumbres de los ladrones de la ciudad. Curioso, Rincón pregunta:

—Y, ¿tú también eres ladrón?

—Sí, para servir a Dios —contesta el mozo—, pero todavía estoy en el primer año de noviciado*.

—Ah, pero... ¿los ladrones también sirven a Dios? —pregunta Cortado.

hurtáis robáis
noviciado (aquí) tiempo de prácticas

—Sin duda, porque Monipodio nos obliga a dejar una parte de todo lo que robamos para una lámpara dedicada a la Virgen. Además, rezamos el rosario y algunos no roban los viernes.

—Me parece muy bien todo lo que dices —dice Cortado—, pero ¿hay que dar dinero por otras nobles causas?

—Eso es imposible, porque no queda casi nada: el botín se divide en muchas partes y se reparte entre los miembros del grupo. Como dice Monipodio, nuestra vida ya es santa y buena de esta manera. ¿No es peor ser hereje, o matar a un padre o a una madre?

—Todo eso es malo —replica Cortado—, pero ya que estamos en esta cofradía*, vamos rápido a casa del señor Monipodio. ¡Tengo muchas ganas de conocerlo!

—Ya estamos delante de su casa —dice el mozo—. Un momento, voy a ver si está ocupado, o si tiene tiempo y si os da audiencia* ahora.

—Te esperamos — contesta Rincón.

---

cofradía asociación de personas (normalmente de religiosos)
da audiencia recibe, escucha

Comprensión lectora

1 Marca la respuesta correcta.

En el río de Sevilla hay:
A ☐ una iglesia muy grande.
B ☑ mucha gente.
C ☐ muchos prisioneros.

1 Rincón y Cortado deciden ser muchachos de esportillas:
A ☐ para tener un buen sueldo.
B ☐ porque tienen hambre.
C ☐ para robar con más comodidad.

2 El estudiante sacristán:
A ☐ regala su pañuelo a Cortado.
B ☐ va a hablar con las monjas.
C ☐ va a denunciar el robo.

3 Rincón y Cortado van a hablar con Monipodio porque el mozo les dice:
A ☐ que necesitan su permiso para robar en la nueva ciudad.
B ☐ que es su padre.
C ☐ que en su casa hay mucho dinero.

4 El mozo que les lleva a casa de Monipodio:
A ☐ es un sacristán.
B ☐ es un ladrón con poca experiencia.
C ☐ piensa que robar es muy malo.

Gramática

2 Completa esta tabla.

	ser	estar	ir	tener
yo	*soy*			
tú				
el soldado				
nosotras				
vosotros				
Rincon y Cortado				

3 Completa estas frases con la forma correcta del verbo en Presente.

1 Rincón y Cortado (ir) .... a conocer a Monipodio.
2 Rincón y Cortado (tener) .... un nuevo trabajo como muchachos de esportilla.
3 Cortado explica que el dinero del estudiante (está).
4 Rincón y Cortado (ser) .... dos ladrones.
5 —¡Nosotros (estar) .... muy contentos de conocer al señor Monipodio! —dice Cortado.
6 El soldado (tener) .... mucho dinero.

Actividad de prelectura

Comprensión auditiva

▶ 4 4 Escucha el tercer capítulo y contesta verdadero (V) o falso (F).

	V	F
1 Monipodio recibe a los muchachos en la cocina.	☐	☐
2 Monipodio cambia los nombres a los muchachos.	☐	☐
3 Entran con Monipodio dos muchachas muy tímidas.	☐	☐
4 La anciana Pipota bebe mucho vino.	☐	☐

Capítulo 3

La congregación

▶ 4 Mientras Rincón y Cortado esperan, el mozo entra en una casa que tiene muy mal aspecto. Luego les manda entrar y esperar en un pequeño patio muy limpio con varios objetos de poco valor. Rincón entra a curiosear en una pequeña sala y en ella ve una imagen de Nuestra Señora con una cestilla para las limosnas y una palangana* con agua bendita.

Mientras, en el patio entran en silencio varias personas: dos estudiantes, dos muchachos de esportilla, un ciego y dos viejos de aspecto respetable. Tras ellos, entra una vieja y sin decir nada toma agua bendita y se arrodilla delante de la imagen; reza con enorme ostentación*, deja una limosna y sale de nuevo al patio con los demás.

Pronto entran también dos extraños mozos, con grandes bigotes, sombreros anchos, medias de colores y grandes espadas y pistolas. Cuando ven a Rincón y a Cortado, les miran fijamente

palangana recipiente bajo y ancho
ostentación exageración en los movimientos

con gran desconfianza y les preguntan si son de la cofradía.

—Sí, para servirles a ustedes —contesta Rincón.

En ese momento llega Monipodio. Tiene unos cuarenta y cinco años, es alto, de piel morena, cejijunto*, con una barba negra muy espesa y los ojos hundidos. Lleva una camisa abierta por delante, que deja ver un bosque de pelo en el pecho. Lleva una capa larga, unos pantalones de tela anchos y largos y un gran sombrero. Tiene también una espada ancha y corta. Sus manos son pelosas y sus pies descomunales*: parece el bárbaro más extraño del mundo. Todos hacen una profunda reverencia cuando lo ven, excepto los dos hombres armados, que son dos bravos* y solo se quitan los sombreros. Junto a Monipodio está Ganchuelo (así se llama el mozo que conocen los muchachos), que dice:

—Estos son los dos mancebos* nuevos, ¡son dignos de nuestra congregación!

—Muy bien —dice Monipodio—, ¿a qué os

---

cejijunto que tiene las cejas grandes y unidas
descomunales muy grandes

bravos hombres arrogantes, fieros y coléricos
mancebos chicos, muchachos

dedicáis? ¿De dónde sois? ¿Quiénes son vuestros padres?

—Nuestro oficio ya lo sabe usted —contesta Rincón—, nuestras familias están lejos y nosotros nos llamamos Rincón y Cortado, para servirle.

—Desde este momento os llamáis Rinconete y Cortadillo —decide Monipodio—, que son nombres adecuados a vuestra edad y a nuestras costumbres.

—Muy honrados y agradecidos —comenta Rinconete.

—Y, ¿qué sabéis hacer, hijos?

—Yo —responde Rinconete— sé hacer muchos tipos de trampas con las cartas, como marcarlas en el dorso para reconocerlas, hacer faroles* o esconderlas en la ropa.

—Y yo —responde Cortadillo— sé meter la mano vacía en los bolsos y sacarla llena con disimulo.

—Sois unos principiantes —contesta Monipodio—, pero en nuestra escuela con pocas lecciones vais a ser verdaderos maestros. ¿Y si os

---

hacer faroles (en el juego) fingir, engañar

captura la justicia sabéis tener la boca cerrada?

—Sí: soportamos bien los castigos y sabemos cuándo decir sí y cuándo decir no.

—¡Perfecto! —exclama Monipodio—, por vuestra inteligencia os nombro cofrades mayores.

Los muchachos y todos los presentes están de acuerdo y muy contentos, pero de pronto aparece corriendo un mozo con un aviso:

—Viene el alguacil* de los vagabundos, solo y sin escolta.

—Tranquilos, es un amigo —dice Monipodio. Sale a hablar con el alguacil y cuando regresa pregunta—: Ganchuelo, ¿no estabas hoy en la plaza de San Salvador? ¿Por qué yo no sé nada de una bolsilla llena de monedas desaparecida esta mañana?

Ganchuelo dice que él no es el ladrón, pero Monipodio no le cree y está a punto de castigarlo duramente, pero Rinconete descubre la verdad:

—Aquí está la bolsa con todas las monedas: la tiene mi compañero desde esta mañana, y también este pañuelo.

alguacil oficial de la justicia con distintas funciones

Todos, especialmente Monipodio, quedan satisfechos de este gesto de los muchachos porque el alguacil siempre les hace favores, y encubre* sus fechorías*. Sale Monipodio a devolver la bolsa al alguacil y cuando vuelve entran con él dos muchachas. Las mozas van muy maquilladas, vestidas con ropa demasiado ligera y abrazan a los dos bravos, que se llaman Chiquiznaque y Maniferro.

—¿Traéis algo para mojar* la garganta? —preguntan los bravos, contentos de ver a las muchachas.

—¡Pues claro, querido! —responde una, que se llama Gananciosa—. Ahora viene tu criado Silbato con una cesta llena de lo que Dios nos ha dado.

En efecto, entra un muchacho con una gran canasta llena de comida y bebida, que Monipodio ordena colocar en medio del patio. Todos deben sentarse alrededor de ella, porque dice él que con el estómago lleno se eliminan las iras y se habla mejor.

—Hijo Monipodio —dice la vieja, que se llama

encubre mantiene en secreto, protege
fechorías delitos, crímenes
mojar la garganta beber

Pipota—, no quiero fiestas porque me duele mucho la cabeza. Estoy aquí para decirte que dos de tus muchachos tienen en mi casa una cesta llena de ropa de un robo. Yo no la toco ni la miro, porque como sabes soy muy honesta y devota. Ahora me voy a poner unas velas a mis santos, pero antes necesito, por favor, un traguillo* para consolar mi vacío estómago.

—Gracias por tus noticias, madre —contesta Monipodio—; esta noche voy a contar el botín para repartirlo entre todos.

Escalanta, la otra muchacha, saca de la cesta una enorme bota de vino y le da a la vieja un vaso con más de medio litro.

—Me parece mucho, hija, pero Dios me dará fuerzas —dice Pipota, y enseguida se lo bebe todo entero sin respirar siquiera. Luego dice a las mozas:

—Niñas, necesito dos monedas, por favor: son para poner unas velitas a los santos de mi devoción.

—Sí las tengo, señora Pipota —dice Gananciosa,

traguillo (diminutivo) trago

dando unas monedas a Pipota—; para los santos más buenos y generosos.

—Haces bien hija, no es bueno ser miserable —continúa la vieja—. ¡Y ahora a disfrutar todos juntos de vuestra juventud! Los viejos lloramos, como yo lloro ahora, por las cosas que no hacemos en la mocedad*. Me voy a rezar por mí y por vosotros: pido a Dios que nos libre de los peligros y de la justicia.

Y diciendo esto, sale de la casa.

mocedad juventud

Actividades

Comprensión lectora

1 Une las dos mitades para formar una frase correcta.

1 ☑ Monipodio se enfada con Ganchuelo
2 ☐ Cortadillo devuelve
3 ☐ Gananciosa y Escalanta
4 ☐ En casa de Pipota
5 ☐ Chiquiznaque y Maniferro

a llevan espadas y pistolas.
b la bolsita con monedas de oro y plata.
c son dos jóvenes muchachas.
d porque cree que miente.
e hay una cesta robada.

2 ¿Quién dice estas frases? Escribe el nombre de cada personaje.

Cortadillo Monipodio Pipota Maniferro Rinconete

1 ....: «¡A disfrutar todos juntos de vuestra juventud! Los viejos lloramos por las cosas que no hacemos en la mocedad».
2 ....: «Yo sé hacer muchos tipos de trampas con las cartas ».
3 ....: «¿Traéis algo para mojar la garganta?».
4 ....: «Yo sé meter la mano vacía en los bolsos y sacarla llena».
5 ....: «¿Por qué yo no sé nada de una bolsilla llena de monedas desaparecida?».

Vocabulario

3 **Resuelve este pasatiempos con las palabras del texto. Descubrirás cómo se llamaban las monedas de oro en los tiempos de Rinconete y Cortadillo.**

1 Monipodio lleva en la cabeza un...

2 El ... de Pipota está vacío, y lo llena con vino.

3 Los niños estudian en la...

4 Las personas que estudian se llaman...

5 Sinónimo de juventud.

6 Una persona que no ve es un...

7 Sinónimo de cesta, donde Silbato trae comida y bebida.

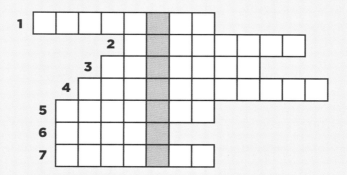

Actividad de prelectura

4 **Observa la ilustración de la página 45. ¿Quiénes son los personajes? ¿Qué hacen? Describe brevemente la escena.**

En el dibujo veo a ....
....
....
....
....

Capítulo 4

Fiesta y justicia

▶ 5 Están todos sentados alrededor de la cesta y Gananciosa saca poco a poco su contenido: rábanos, dos docenas de naranjas y limones y una cazuela llena de bacalao. Después medio quilo de queso, una olla de aceitunas, un plato de camarones*, gran cantidad de cangrejos y tres hogazas* de pan. Están ya empezando a comer, cuando les asustan unos golpes en la puerta.

—¿Quién es? —pregunta Monipodio.

Entra corriendo Juliana la Cariharta. Parece que le sucede algo grave porque no para de llorar, está despeinada y toda llena de magulladuras*; entra en el patio y después se desmaya. Las otras muchachas van a socorrerla y la despiertan con agua. Ella grita:

—¡Justicia contra ese cobarde, ese ladrón maltratador! ¡Y pensar que vive solo gracias a mí, porque le he salvado mil veces de la horca!

Monipodio intenta calmarla, y le promete

camarones langostinos pequeños
hogaza pan de gran tamaño.
magulladuras golpes fuertes

venganza. La muchacha, hecha⋆ una fiera, le enseña los cardenales⋆ que tiene por todo el cuerpo y le dice que Repolido, su amante, casi la mata en un huerto a golpes de cinturón.

—Yo le doy todo lo que gano, y él cree que yo me quedo con una parte. ¡Por eso me pega de esta manera! ¡Quiero venganza, deseo justicia!

Así lo prometen Monipodio y los bravos, pero la Gananciosa quiere consolarla:

—Calma, querida amiga. ¿No sabes que el que más te ama también te castiga? ¿No es verdad que después de pegarte, Repolido te pide perdón?

—Sí, mil veces, y casi llorando.

—Seguro que ahora llora de pena por ti; y verás que viene a buscarte para pedirte perdón.

—No —dice Monipodio—, aquí no entra el delincuente que osa⋆ poner las manos en el rostro de Juliana.

—¡Ay, no! —responde entonces Juliana— Gananciosa tiene razón, ¡yo amo a ese maldito con todo mi corazón! Ahora voy a buscarle.

Gananciosa detiene a Juliana: es mejor esperar,

hecha una fiera muy enfadada
cardenales manchas moradas de la piel causadas por los golpes
osa se atreve

porque si ella va a buscar a Repolido, él no va a aprender la lección. ¡Debe venir él arrepentido! Deciden componer unas coplas* dedicadas a Repolido, que le van a doler más que sus golpes. Pero primero siguen con el almuerzo y entre todos terminan de comer y de beber en seguida. Cuando acaban se van los viejos con el permiso de Monipodio, y Rinconete, con mucho respeto, pregunta:

—¿Qué hacen esos señores tan ancianos y respetables en la cofradía?

—Son importantísimos —dice Monipodio—: observan la ciudad y nos dicen dónde podemos robar cómodamente. Y además son unos señores muy honrados y devotos, que van a misa todos los días.

—Yo también quiero ser útil como ellos —responde Rinconete.

De pronto, llaman a la puerta y se oye:

—¡Abrid la puerta! Soy Repolido.

Monipodio abre la puerta, pero Cariharta va a esconderse y grita que no quiere verlo.

coplas canciones de origen andaluz

—¡Ven, querida mía, vamos que es tarde! —contesta Repolido—. ¡Si te comportas así me voy a enfadar y vamos a terminar a palos!

—No, aquí no se pelea nadie. Juliana va a salir porque yo se lo pido y porque Repolido le va a pedir perdón.

—De acuerdo —afirma Repolido—, ¡por Juliana hago cualquier cosa!

Chiquiznaque y Maniferro se divierten mucho con esta escena y se burlan de Repolido. Este se enfada y están a punto de enfrentarse con las armas; pero Monipodio y Juliana los calman y hacen las paces.

Con gran sorpresa de Rinconete y Cortadillo, todos celebran ese momento de esta forma: Escalanta se quita un zapato y con gran alegría lo toca como un pandero. Luego, Gananciosa toma una escoba y la rasca como una guitarra. Monipodio rompe un plato en dos partes, las pone en los dedos y las toca en armonía con el zapato y la escoba. ¡Y todos improvisan unas seguidillas*!

seguidillas canciones y bailes andaluces alegres

Riñen dos amantes, se hace la paz:
si el enojo es grande, es el gusto más.

De pronto llaman a la puerta y un centinela anuncia la llegada del alcalde de la justicia al final de la calle. Todos corren a esconderse muertos de miedo, menos Rinconete y Cortadillo que no saben adónde ir. Por suerte regresa el centinela a decir que es una falsa alarma: ¡el alcalde se marcha sin sospechar nada!

Entra entonces en el patio un caballero y pregunta:

—Señor Monipodio, ¿por qué no cumple vuestra merced con los trabajos encomendados?

Monipodio llama a Chiquiznaque y le pide explicaciones. El bravo, que debía dar un escarmiento* a un mercader, se excusa:

—Soy un hombre de palabra*. El caballero ha pedido una cuchillada de 14 puntos en la cara del mercader, pero la cara del mercader es pequeña. Por eso he dado la cuchillada al criado, que tiene la cara grande.

escarmiento castigo
de palabra que cumple las promesas

—El castigo es para el amo, no para el criado. ¡No se merece usted los veinte ducados que cuesta el trabajo! —contesta el caballero, y se va hacia la puerta.

—Alto ahí, caballero —dice Monipodio—, el castigo está cumplido: usted también debe cumplir con el pago. Chiquiznaque es honesto y si promete un castigo grande, lo impone. Si el mercader es demasiado pequeño, ¿por qué no lo puede recibir el lacayo, que es grande?

—De acuerdo —dice el caballero, para evitar problemas—: le doy este collar que vale cuarenta reales, para pagar también el próximo encargo.

—Me parece muy bien —responde Monipodio, mientras pesa con la mano el collar—, esta noche se encarga de terminarlo Chiquiznaque.

El caballero se va muy satisfecho, y Monipodio llama a todos los ausentes, que siguen escondidos y atemorizados. ⬛

DELE – Comprensión lectora

1 Marca la respuesta correcta.

1 Repolido pega a Juliana...
   A ☐ porque está celoso.
   B ☐ porque ella no tiene dinero.
   C ☐ porque cree que ella le roba.

2 Juliana perdona a Repolido...
   A ☐ porque está enamorada de él.
   B ☐ porque tiene miedo.
   C ☐ porque Gananciosa quiere ser su novia.

3 Rinconete y Cortadillo...
   A ☐ se van del patio corriendo.
   B ☐ no saben tocar instrumentos extraños.
   C ☐ escuchan a Monipodio tocar la guitarra.

4 El alcalde de la justicia...
   A ☐ pasa por la calle.
   B ☐ pide explicaciones a Monipodio.
   C ☐ da un collar a Monipodio.

5 En la cesta que trae Silbato hay:
   A ☐

   B ☐

   C ☐

Gramática y vocabulario

2 **Rinconete y Cortadillo observan todo lo que sucede. Elige la opción correcta y lee lo que piensan.**

«.....*En*....... esta casa 1 .... gente muy extraña.
Es 2 .... organización de ladrones y asesinos.
3 .... jefe es Monipodio y los empleados
principales son Maniferro y Chiquiznaque. Los hombres
son 4 .... violentos con las mujeres.
Pero 5 .... rezan continuamente y dan limosnas.
¡Creo que 6 .... un poco locos!»

		a		b		c
	✘	En	b	A	c	De
1	a	está	b	hay	c	es
2	a	una	b	un	c	la
3	a	Sus	b	Su	c	Suyo
4	a	muy	b	mucho	c	tanto
5	a	esos	b	cada	c	todos
6	a	son	b	hacen	c	están

Actividad de prelectura

Expresión escrita

3 **Lee el titulo del capítulo 5. Escribe tres frases diciendo qué crees que va a pasar.**

1 ....

....

2 ....

....

3 ....

....

Capítulo 5

Desde la Torre del Oro hasta el Alcázar

▶ 6 Pasado el miedo, bajan todos de nuevo al patio. Monipodio se coloca en medio de ellos y saca un libro de memoria que trae en la capa. Se lo da a Rinconete y le dice:

—Yo no sé leer, tú vas a ser mi secretario.

La primera hoja dice:

MEMORIA DE PALOS★
PARA ESTA SEMANA
Al bodeguero de la Alfalfa, doce palos a un escudo★ cada uno. Ya dados ocho, plazo★ de seis días. Encargado: Maniferro.

—¿Hay más, hijo? —dice Monipodio.

—Sí, otra —responde Rinconete:

Al sastre llamado Silguero, seis palos por encargo de la dama que paga con una gargantilla★. Encargado: el Desmochado.

palos golpes
escudo antigua moneda de oro

plazo término o tiempo para hacer algo
gargantilla collar corto

—Es extraño: el Desmochado es siempre puntual, pero no aparece y el trabajo no está hecho.

—Señor Monipodio —dice Maniferro—, respondo yo por el Desmochado: el trabajo se va a hacer en breve, pero no ahora por estar enfermo el sastre.

—¡Ahora comprendo! —contesta Monipodio—. ¿Algo más, mocito*?

—No, señor —responde Rinconete.

—Pues seguimos adelante.

MEMORIAL DE AGRAVIOS COMUNES: GOLPES, UNTADOS CON ACEITE, COLOCACIÓN DE SAMBENITOS* Y CUERNOS, SUSTOS, CUCHILLADAS FINGIDAS, ETC.

—¿Qué dice más abajo?

—Clavar cuernos en...

—No se dice la persona ni la casa, hijo. No es necesario decirlo en público. Mira si hay más, que si no recuerdo mal hay un susto de veinte escudos que debe hacer toda la comunidad junta antes de terminar el presente mes. ¡Va a ser una de las mejores

mocito diminutivo de mozo
sambenitos, cuernos señales para poner en ridículo a las personas

bromas vistas en esta ciudad desde hace mucho tiempo! Sé que hay pocos trabajos en estos tiempos, pero hay que tener confianza en Dios y en el futuro. ¡Llegarán tiempos mejores!

—Tiene razón, Monipodio —dice Repolido—. ¿Qué nos manda hacer ahora vuestra merced? Hace ya mucho calor.

—Todos deben ir a sus puestos, y nadie debe moverse hasta el domingo. El domingo venimos todos a este lugar y nos repartimos todo lo obtenido, por partes iguales. Rinconete y Cortadillo reciben como distrito★ desde la Torre del Oro, por fuera de la ciudad, hasta el Alcázar. Allí pueden trabajar con las cartas: yo conozco gente que gana más de veinte reales en monedas pequeñas con los naipes. Os va a enseñar Ganchoso vuestro distrito, y no debéis entrar en la zona de los demás.

Se lo agradecen los muchachos, y luego Monipodio saca un papel en el que manda escribir: «Rinconete y Cortadillo, cofrades: noviciado, ninguno; Rinconete, cartas; Cortadillo, ladrón»; más el día, mes y año, sin

distrito parte del territorio donde actuar

añadir padres y patria. En ese momento entra uno de los viejos y dice:

—Vengo de un encuentro con Lobillo el de Málaga. Dice que está muy mejorado en su arte, y que con naipes limpios* es capaz de quitar dinero al mismo Satanás. Está muy cansado y por eso no está aquí, pero el domingo aparece sin falta.

—Lobillo tiene las mejores manos para este arte —dice contento Monipodio—, y es además ingenioso y aprende rápido.

—También he visto al Judío —sigue el viejo—; está vestido de clérigo, y reside en una casa de posadas porque también están allí dos peruleros* y quiere ver si saca algo. Dice también que el domingo no va a faltar.

—Ese Judío también es bueno y listo en su trabajo —dice Monipodio—, pero es algo desobediente y hace muchos días que no lo veo. Prometo que o cambia o lo cambio yo con una buena lección. ¿Algo más?

—Nada, vuestra merced.

—Muy bien —dice Monipodio, y reparte hasta

limpios sin marcas para hacer trampas
peruleros personas que volvían de Perú con mucho dinero

cuarenta reales entre todos—, os voy a dar esta miseria y el domingo no debéis faltar, porque vamos a repartir para todos.

Dan todos las gracias a Monipodio. Se abrazan Repolido con la Cariharta, Escalanta con Maniferro y Gananciosa con Chiquiznaque y se ponen de acuerdo para ir esa misma noche a casa de la vieja Pipota. Allí va a ir también Monipodio para hacer el registro de la canasta de ropa. Abraza a Rinconete y a Cortadillo y les recuerda que no deben tener una casa fija, porque es mejor para todos. Así, se separan y Ganchoso acompaña a los muchachos a sus puestos. Insiste en que no deben faltar el domingo: Monipodio sin duda va a dar unas enseñanzas de gran importancia y solemnidad. Rinconete y Cortadillo se quedan solos, admirados de todo lo que han visto y oído.

Rinconete es todavía un muchacho, pero es muy inteligente y tiene un carácter bueno; además, gracias a las enseñanzas de su padre sabe mucho del correcto empleo del lenguaje. Le* da una gran risa la forma de hablar de Monipodio y toda su

le da risa le parece gracioso

compañía, que usa palabras equivocadas y las usa mal. También le sorprende mucho la confianza y la seguridad que todos tienen de ir al cielo solo con no faltar a sus devociones*, aunque cometen robos, asesinatos y ofensas a Dios constantemente. Se burla de la Pipota, que guarda en casa una canasta robada y luego va a poner candelitas a los santos, convencida de ir al paraíso gracias a ellas. Le asombra la admiración que todos tienen de Monipodio, un hombre ignorante y desalmado*. Piensa en lo que hay en el libro de memoria y las malas acciones que cometen todos. Y para terminar, le extraña la poca justicia que hay en la famosa Sevilla, porque viven en paz muchos malhechores. Por eso, decide aconsejar a su compañero no quedarse mucho tiempo, porque esa vida es demasiado perdida, mala e inquieta.

Pero todavía es joven y con poca experiencia: así que permanece allí unos meses más, durante los que suceden muchas cosas; se deja por lo tanto para otra ocasión la narración de su vida y milagros, y otros sucesos de la academia de Monipodio, que pueden servir como ejemplo y aviso a todos los lectores. ■

devociones prácticas religiosas   **desalmado** sin escrúpulos, cruel

Miguel de Cervantes

Vida y obras

Miguel de Cervantes Saavedra vive en una época difícil pero llena de acontecimientos importantes para la historia de España y del mundo. Desde muy joven es un verdadero aventurero: nace en Alcalá de Henares (Madrid) en 1547 y a los veinte años se va a Italia. Podo después decide convertirse en soldado para la Armada española y luchar así contra los turcos. Participa en la famosa batalla de Lepanto; allí pierde el movimiento de un brazo, y desde entonces lo llaman "el manco de Lepanto". Además, mientras regresa a casa el enemigo lo captura y pasa cinco años en Argel, de donde intenta fugarse cinco veces... sin éxito.

Cuando regresa por fin de sus aventuras como soldado, decide dedicarse a la escritura. Compone poemas y escribe obras de teatro, relatos y novelas; la más famosa de todas es *El ingenioso*

Miguel de Cervantes

hidalgo Don Quijote de la Mancha (1605), obra por la que Cervantes se hace famosísimo: tanto que muchos escritores deciden hacer una segunda parte de las aventuras de Don Quijote. Por eso, él mismo decide escribir la segunda parte en 1615.
Tiene mucho éxito como escritor y dramaturgo, pero no gana mucho dinero. Muere en Madrid en 1616.

La batalla de Lepanto (Anónimo)

Vista de la Torre del Oro

Sevilla en tiempos de Rinconete y Cortadillo

Sevilla, desde mediados del siglo XVI hasta el siglo XVII, es una de las ciudades más pobladas de Europa. Con una población de 150.000 habitantes, ni siquiera Madrid era tan grande: solo la superan Londres, París y quizá Nápoles.

Sevilla es el puerto desde el que salen y al que llegan los barcos reales que viajan a América y vuelven cargados de oro y otras riquezas. Por eso, en esta ciudad están todos los banqueros de Europa, goza de una gran expansión industrial y controla todos los movimientos comerciales con las Indias. Toda esta abundancia no se reparte por igual entre todos los ciudadanos: termina en las manos de los más ricos, pero las clases más pobres viven en la miseria.

Rinconete y Cortadillo llegan a Sevilla y ven esta gran cantidad de movimiento y de gente: allí conviven personas provenientes de toda Europa y de toda España, atraídas por la posibilidad de trabajar o como alternativa de ganarse la vida como pueden: engañan, roban o piden limosna (¡esto es lo que hacen nuestros protagonistas!). Cervantes refleja en esta "novela ejemplar" la sociedad del hampa de Sevilla en aquellos tiempos: Rinconete y Cortadillo son ejemplos perfectos del pícaro, típico de la novela picaresca.

La novela picaresca

Es un género literario en prosa que surge durante el llamado "Siglo de Oro" de la literatura española (siglos XVI-XVII). Siempre en clave de humor, casi siempre narrado en primera persona, trata la vida de personajes que se ven obligados a luchar por sobrevivir con su ingenio, ya que no poseen riquezas materiales. El primer pícaro de la literatura española es el protagonista de la novela anónima *El Lazarillo de Tormes* (1554), tras el que llegan muchos más: *Guzmán de Alfarache* de Mateo Alemán, *La vida del Buscón* de Francisco de Quevedo y otros.

En Europa, algunos pícaros y pícaras famosos son *Moll Flanders* de Daniel Defoe o *Tristram Shandy* de Laurence Sterne, por ejemplo.

Estas son las características principales del pícaro:
- pertenece a los niveles más bajos de la sociedad,
- lleva una vida aventurera, difícil y llena de problemas,
- es un vagabundo,
- usa su inteligencia para sobrevivir engañando o robando,
- no le importa no ser honrado, ya que tiene que sobrevivir,
- sufre con paciencia la mala suerte y las contrariedades.

Bartolomé Esteban Murillo:
Niño espulgándose

El cine

Los pícaros también han sido protagonistas de la pantalla. Por ejemplo, la película *Lazarillo de Tormes* (1959) de César Fernández Ardavín ganó el Gran Premio Oso de Oro en el X Festival de Berlín (1960).

La versión más famosa es la adaptación a la televisión dirigida por Fernando Fernán Gómez y José Luis García Sánchez, en la que participan actores famosísimos como Francisco Rabal o Beatriz Rico.

¡Todos juntos!

El director italiano Mario Monicelli dirige en 1987 *Los pícaros* (I picari), una película en la que los pícaros más famosos, el Lazarillo y Guzmán de Alfarache, se conocen y viven juntos... ¡un montón de aventuras!

Test final

Resuelve este pasatiempos y descubre cómo se llama el importante río que pasa por Sevilla.

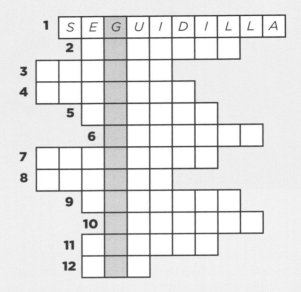

1 | S | E | G | U | I | D | I | L | L | A

1 Tipo de canción que cantan Monipodio y sus secuaces.
2 Profesión del padre de Rinconete.
3 Así se llama el conjunto de cartas.
4 Instrumento de percusión en el que se transforma el zapato de Escalanta.
5 Profesión del padre de Cortadillo.
6 Dinero que se deja en las iglesias o que se regala a los pobres.
7 Gran comida para muchas personas.
8 Moneda de oro de los tiempos de Rinconete y Cortadillo.
9 Instrumento que sabe usar muy bien Cortadillo.
10 Día de la semana en el que algunos no roban.
11 Cortadillo sabe correr como este ágil animal.
12 En Sevilla hay una Torre del...

Programa de estudio

Temas
Amistad, familia
Astucia, picaresca
Delincuencia, engaño
Sociedad

Destrezas
Comprender un texto escuchado y responder a preguntas
Describir personas
Hablar de la familia
Describir situaciones actuales

Contenidos gramaticales
Presente de indicativo (verbos regulares y algunos casos de irregulares)
Sustantivos y adjetivos
Artículos, posesivos
Marcadores temporales del presente y del futuro
Muy/mucho

Lecturas ELI Adolescentes